AF452871

Papier — Vélin.

236

C.

DE L'INFLUENCE

DES

SCIENCES

ET

DES BEAUX-ARTS

SUR

LA TRANQUILLITÉ PUBLIQUE

A PARME

IMPRIMÉ PAR BODONI

MDCCCII.

DISCOURS

PRONONCÉ

DANS UNE SOCIÉTÉ LITTÉRAIRE

PAR

LE BARON DALBERG

COADJUTEUR DE MAYENCE

ET

STATHALTER D'ERFURT,

PRECÉDÉ

D'UNE IDYLLE

SUR L'ABOLITION DE LA CORVÉE EN BOHÈME
PAR L'EMPEREUR JOSEPH II.

COMPOSÉE

PAR MADEMOISELLE

DE MUDERSBACH

AUJOURD'HUI

DUCHESSE DE GIOVANE

TRADUCTIONS LIBRES DE L'ALLEMAND

PAR

LOUIS ARBORIO BREME.

À MADAME

LA DUCHESSE

DE GIOVANE

NÉE COMTESSE

DE

MUDERSBACH.

Vous adresser, Madame, un Ouvrage utile, c'est rendre justice à vos lumières, c'est rappeller un usage, profané trop communément par la flatterie ou par l'intérêt, à son primitif

et estimable objet. Celui-ci
vous appartient aussi à d'autres titres. Publié dans votre
langue maternelle par un de
vos parens, par le Littérateur
illustre qui a guidé vos pre-
miers pas dans la carrière des
lettres, il paroît en François
aujourd'hui par les soins d'un
homme qui, ayant eu l'avan-
tage de vous connoître et de
vous fréquenter, vous doit être
acquis par l'estime la plus
sincère.

La traduction de l'Idille
qui le précède justifie ce sen-

timent, et vous en est un nou-
veau gage. Production de votre enfance (est-on jeune à 13
ans?) elle eût honoré l'âge mûr
par l'esprit philosophique qui
s'y développe, et par la vivacité du coloris qui en relève
et pare les détails. Les ouvrages nombreux que votre plume
a produits depuis, n'ont pas
démenti cet intéressant début;
comment ne pas saisir une oc-
casion aussi favorable de vous
rendre un hommage qui vous
est dû! Agréez-le, Madame,
avec les vœux les plus sincè-

res pour que le sort soit toujours aussi prodigue de ses
faveurs envers vous, que la
Nature l'a été de ses dons; et
reconnoissez à ces expressions,

Milan 20 Avril 1802

Le plus dévoué de Vos Serviteurs
Louis Arborio Breme.

VERSIONE LIBERA

DI UN IDILIO

COMPOSTO

DALLA SIGNORA DUCHESSA

DEL GIOVANE

IN LINGUA TEDESCA

IN LODE

DELL'IMPERATORE

GIUSEPPE II.

QUANDO ABOLÌ LA SERVITÙ

NELLA BOEMIA.

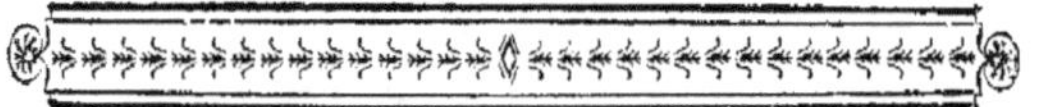

IDILIO.

Come avrò mai l'ardire timida giovinetta di impugnare io primiera, e con inesperta mano far risuonare in codeste contrade la non notavi zampogna della Pastoral Musa?

Ombra del Poeta di Mantova, deh! lascia gli ameni boschi, e i sempre verdeggianti prati degli Elisj, ove coll' ombra di Teocrito, con quella del cantor d'Albione vai errando in grembo alle delizie delle anime felici: deh! lasciali per una volta ancora, e scendi fra noi mortali ad ammirare un più sublime oggetto di quelli, che la culta tua Musa cantò sulle ripe del Tevere.

E tu voce canora del Pastore delle Alpi, perchè tacita te ne stai? Fino a quando saremo noi privi del variato suono della tua Lira? Non ti è caro forse, nè risvegliarti puote la felicità di un popolo remoto? Vi ha forse piacer più soave di quello, che deriva dal bene de'suoi simili?

Nelle contrade vicine al Monte de' Pini, ricco di sorgenti, evvi una non ruvida abitabile montagna, attorniata da boschi ripieni di caccia; al piede di questa serpeggia la gorgogliante Moldava, che unitamente a parecchi altri fiumi, e ristagni gravidi di pesci, va innaffiando le infeconde campagne. Là dai secoli remoti sotto il ferreo giogo della schiavitù gemeva un popolo intiero favorito, ma invano, di sì gran doni dalla benefica Natura. Invano guidava egli sopra i verdeggianti prati li suoi armenti, invano nel campo maturavano le spiche; dietro al non proprio aratro se ne giva il coltivatore, bagnando con lacrime e sudore un suolo a lui straniero. Oppresso dal dolore si vedeva lo stanco padre ritornarsene dal suo lavoro, poichè sapeva, che la lunga fatica della sua giornata non farebbe ch'egli non trovasse nella trista sua capanna la moglie, i figli, per il di cui bene avea spossate le sue forze, mancar di tutto, e venir meno dal bisogno. Lacerava il tenero cuor d'una madre il vedersi strappare dal seno da crudel diritto di Padronanza il figlio diletto negli anni suoi migliori. D'ogni qualunque libertà era infine privo codesto popolo, se non la riacquistava col peso delle più dure contribuzioni. Veruna ombra di consolazione apparivagli; raggio veruno di speranza diradar non poteva l'avvilita sua fronte.

Ma ecco che viene! chi dirò mai? Un Dio tu lo nomi,

o Virgilio, colui che benefi-
co ti ridiede il tuo campo, la
tua greggia. Ma non avrò io
già l'ardire di chiamar Dio
l'uomo savio; ogni voce bensì
lo dovrà chiamare il favorito
della Divinità, il benefattore
degli uomini, il padre del popolo, a cui fece dono della
libertà.

O tu bianca mia agnella,
che più cara però mi sei di
mezzo il mio armento; a quel
fiorito cespuglio innalzerei l'al-
tare, ove consacrarti in olo-
causto al più sublime amico
dell' Umanità; ma ciò a lui

non aggrada. Simile al Sole che vivifica ogni cosa, e non somministra soltanto vita e calore ai superbi Pini dell'alte montagne, ma ancor a tutto ciò, che nasce nelle profonde valli, rende egli felici, non solo i grandi dello Stato, ma i più abbietti, i più trascurati fra'suoi sudditi.

Sfogliati erano gli alberi, i prati scoloriti; erano i fossi ripieni di un'acqua stagnante, e fetida, allora che la voce della libertà si fece sentire nelle campagne, e diventò quel giorno un giorno di delizia, e

di gioja, al pari di quelli della più fiorita primavera, dell'
estate la più sontuosa, dell'au-
tunno il più dovizioso.

Nel venerando, e sagro
Tempio si affolla il popolo, ed
in mille voci prorompe il cuor
suo riconoscente; ebbro di gioja, e festeggiante, scorre per
ogni luogo rendendo grazie al
suo Liberatore. Fra breve fio-
riran più belli i prati, più ge-
nerosi saranno i campi, più
pingui gli armenti, coltivati
quelli, e questi custoditi dal
contadino giulivo che ne è di-
venuto il padrone. Ripieni

di contentezza prepareran de'
giuochi per il sollievo al ter-
minato, e non più ingrato lavoro; in ogni solennità cam-
pestre dall'ombroso bosco, dal
verdeggiante monticello, e dal-
le amene ripe si sentirà inces-
sante a rimbombar „ Deh viva il nostro Liberatore! Deh
viva il miglior de' Padri! „ Al
tenero fanciullo insegnerà la
buona madre a balbettare pri-
miero il nome suo, allorchè
al tramontar del Sole ripose-
rassi innanzi alla tranquilla
sua capanna; e l'agonizzante
vecchio, sostenuto da' figli suoi,

da' suoi nipoti, innalzerà morendo fervidi voti al cielo per il bene di quegli, che lui ed i suoi rese liberi e felici.

Nelle più lontane contrade gloriosa si spargerà la fama sua, e la più tarda età, li posteri i più remoti, sapranno apprezzare le sue beneficenze. Non risparmia il Tempo, anzi consuma, e distrugge i trofei de' vincitori, i monumenti del fasto, e della ricchezza; ma immortale rimane, e più perenne d'ogni edificio, della storia stessa, il nome di colui, che per il bene ognor goduto vien di continuo rinomato da chi felice pell' opra sua divenne.

Va pur avanti, amata greggia; di già il Sol s'incurva dietro allo indorato monte: va pur sollecita, che di già spunta il venticello precursor della notte. Ve' come amico canta in ogni cespuglio il tenero usignuolo, e più lontano alla sua voce si unisce il dolce mormorìo del picciolo ruscello! Ve' come dolce e piacevole si mostra il chiaror della nascente Luna! No, non dileguarti mai, gioja innocente

della Natura, ed innebbria
ognor tu sola il mio cuore di
delizia, e di filantropico sen-
timento.

DIGRESSION
NÉCESSAIRE.

„ Les Nobles, les gens à leur aise écrivent peu,
„ il est cependant d'honorables exceptions, elles
„ sont même assez communes. On sait qu'un Per-
„ sonnage éminent appellé par le cours naturel
„ des choses, et par la voix publique à porter
„ un jour la plus brillante des couronnes Electo-
„ rales, tient dans le monde littéraire un rang
„ analogue à celui qu'il occupe dans le monde
„ politique. „

Cette remarque qui concerne l'Auteur illustre de l'ouvrage dont on publie ici la traduction, se lit sur le journal intitulé: Le Courier des Spectacles, *article* Variétés, num.° 1747, an. Xme

à une époque conséquemment où la qualité de Noble ne présentoit à Paris pas plus de chances à la faveur publique, que l'expectative d'une couronne Electorale ecclésiastique n'en fournissoit à la certitude d'un état brillant et solide en Allemagne. On se bornera donc, touchant la personne de l'Auteur, à cette seule citation, qui, en en faisant l'éloge le mieux mérité, présente un caractère d'impartialité qui en relève le prix, et l'on ne se permettra ici que quelques observations sur l'objet de la traduction de cet ouvrage et de sa publication actuelle.

Ecrit originairement en Allemand, il fut successivement traduit en Français, tel à-peu-près qu'on le donne aujourd'hui au public, dans des circonstances où la crainte, et les préjugés qu'elle enfante toujours, fournissoient à l'ignorance et à ses nombreux partisans, des armes puissantes contre les Sciences et les Savans. A l'instar des gens sans aveu et sans moyens, qui à l'aurore de la révolution avoient déclaré une guerre à mort aux personnes aisées et aux propriétaires, les détracteurs de la littérature déclamoient sans cesse à cette époque contre les individus qui, mieux partagés qu'eux en fait de lumieres et de connoissances, étoient propriétaires de ressources et de moyens propres à saper l'édifice gothique de l'ascendant qu'ils se flattoient d'acquérir. On eût dit que les uns et les autres, malgré la courte portée de leur vue, pressentoient dans l'avenir l'homme instruit et éclairé qui alloit devenir le fléau de leur despotisme destructeur et brutal. Il falloit éloigner tout ce qui pouvoit s'en mettre à même, exciter à cet effet les autorités souveraines contre les principes des gens de lettres, des hommes instruits; et sonnant le tocsin d'allarme sur quelques cas particuliers, les dénoncer tous d'avance, comme auteurs de complots sanguinaires et régicides. [1]

Déjà les Universités, les Ecoles publiques avoient été fermées dans plusieurs villes, entr'autres, de l'Italie, et les gens de lettres, surveillés, suspects,

---

[1] Un homme d'esprit disoit qu'en persécutant de certains individus, et en les voulant précipiter dans un abîme, on les avoit forcés à se sauver sur un piédestal. Cette pensée aussi heureuse que juste pourroit servir d'une utile leçon pour l'avenir.

réduits au silence, à l'isolement que la défaveur entraîne après soi, alloient être contraints de s'exiler de leur pays natal, pour se soustraire à l'abandon, au dédain, à un sort insupportable pour tout homme qui a la conscience de ses droits à la considération publique.

Quel Orateur plus propre à dessiller les yeux des Gouvernemens d'alors, que l'Auteur de cette Dissertation? qu'un Prélat illustre, administrateur lui-même d'une ville considérable de l'Allemagne, et Souverain futur de l'un de ses principaux Etats? Mais il avoit écrit en vain pour la partie de l'Europe où la langue Allemande n'est pas en usage, pour celle peut-être où il eût été plus pressant de le faire lire.

L'ouvrage fut traduit, et communiqué à l'Auteur tel qu'on le publie ici à-peu-près, il en obtint l'aveu requis à sa publication dans deux lettres trop flatteuses pour un simple mérite d'intention. Il alloit voir le jour; les presses de l'Alde de Parme qui le produisent aujourd'hui, devoient l'illustrer dès lors; des motifs dont les détails seroient superflus ici, paralisèrent le zèle de l'Editeur et la bonne volonté de l'immortel Artiste.

Les circonstances politiques du moment, dans les contrées surtout que nous habitons et qui nous avoisinent, sembleront à bien de lecteurs avoir amené un ordre de choses qui détruisant l'à-propos de cette Dissertation, la prive de son principal relief;

mais l'observateur attentif et impar-
tial ne l'envisagera pas ainsi; peut-
être même croira-t-il que ces mêmes
circonstances présentent le jour le plus
convenable à l'exposition des principes et des raisonnemens que cet ouvrage contient, celui précisément qu'il
y faut pour n'en pas dénaturer l'objet,
par le trop d'effet, par le contraste
trop frappant qu'il eût pu produire
à une autre époque.

Telle étant la façon de voir de
l'Editeur, il doit se flatter d'après
cela de rendre un service à la Société
en la publiant, et il s'en occupe avec
d'autant plus d'intérêt et d'empres-
sement que manifestant par-là son zèle pour les Savans et les Littérateurs,
il acquitte en quelque façon, vis-à-vis
d'eux, la dette que les agrémens que

leurs veilles et leurs travaux ont répandu sur son existence, lui ont fait contracter envers cette classe respectable d'utiles citoyens.

Il est ridicule d'imaginer qu'on puisse corrompre son ame en cultivant sa
raison.

Laharpe
Correspondance Littéraire V. I. p. 207.

INTRODUCTION.

Ce seroit supposer qu'il est superflu, pour bien conduire et guider les hommes, de les connoître à fond; qu'il est indifférent au bonheur du genre humain d'adoucir leurs moeurs, et de leur fournir des argumens et des armes contre l'empire de leurs passions [1]; que le bien

(1) Le plus beau spectacle de la Nature c'est l'union de la vertu et du bonheur; les Sciences et les Arts peuvent seuls élever la raison à cet accord sublime, c'est de leur secours qu'elle emprunte des forces pour vaincre les passions, des lumieres pour

de la Société n'exige point que les membres qui la composent, connoissent les moyens d'employer leur loisir et leur capacité agréablement, paisiblement et utilement. Ce seroit, dis-je, vouloir soutenir de semblables paralogismes, que d'avancer sérieusement que les Scien-

---

dissiper leurs prestiges, de l'élévation pour apprécier leurs petitesses, des attraits enfin et des dédommagemens pour se distraire de leurs séductions.

On a dit que le crime n'étoit qu'un faux jugement : les Sciences, dont le premier objet est l'exercice et la perfection du raisonnement, sont donc les guides les plus assurés des mœurs. L'innocence sans principes et sans lumières n'est qu'une qualité de tempérament aussi fragile que lui. La sagesse éclairée connoît ses ennemis et ses forces; au moyen de son point de vue fixe, elle purifie les biens matériels, et en extrait le bonheur. Elle sait, tour-à-tour, s'abstenir et jouir, dans les bornes qu'elle s'est prescrites.

Discours prononcé à Lyon sur les avantages des Sciences et des Arts, en 1751.

ces et les Beaux Arts ne coopè-
rent pas essentiellement à la félicité, à la tranquillité, et par conséquent au bon ordre des Etats. Les
principes qui servent à bien gouver-
ner les hommes, résultat des médi-
tations et des calculs les plus profonds, ne forment-ils pas eux-mêmes
ce que l'on nomme la science du
Gouvernement, laquelle tient à la
plus grande partie des autres sciences, puisqu'elle exige une connoissance intime et approfondie des
hommes, des nuances qui les distin-
guent, du caractère et du génie de
chaque Nation? qu'elle demande des
lumieres étendues sur les circonstances physiques et locales des différens territoires, sur leurs produc-
tions et sur les moyens d'en tirer

parti; qu'elle requiert enfin qu'une partie des Administrateurs soit versée dans la connoissance des loix, que d'autres aient étudié à fond les objets qui tiennent à la finance, au commerce, à l'agriculture, et qu'il y en ait d'instruits dans les différentes sciences que les emplois militaires et politiques exigent? Un Etat sera-t-il mieux gouverné, parce que les dépositaires de l'autorité suprême n'auront jamais aidé leur esprit des réflexions et des ressources que des théories vérifiées, fruit de l'expérience de plusieurs siècles, peuvent fournir à un chacun d'eux dans sa partie? Un Ministre de la Justice remplira-t-il mieux ses fonctions, lorsqu'il ne connoîtra ni l'origine du droit Romain, ni son objet,

et qu'il n'aura rien lu de ce qui s'est
écrit sur les loix, depuis celle des
douze Tables jusques et compris les
ouvrages de Montesquieu et de Fi-
langieri? Un Général méritera-t-il
davantage la confiance de sa patrie,
si ce n'est peut-être à Otahiti, ou
dans les bois du Paraguay, et la
servira-t-il plus utilement pour ne
pas avoir approfondi les élémens
de son métier dans ce que nous ont
laissé tant d'habiles Capitaines, Pra-
ticiens et Ecrivains, à commencer de
Jules-César? Y aura-t-il des Finan-
ciers qui méritent ce nom, s'ils ne se
sont familiarisés avec Smith, Geno-
vesi, Raynal, Galliani, et Necker
même? Personne n'osera avancer
certainement une pareille absurdi-
té, et conséquemment tout homme

de bonne foi sera forcé de convenir que les lumières sont aussi appréciables en elles-mêmes, qu'elles sont utiles au bien-être du genre humain. En effet il n'y a pas long-tems encore qu'on a traité de visionnaire Jean-Jacques Rousseau pour avoir soutenu le contraire; à cette époque on vouloit bien avouer les avantages dont la Religion [1], les

---

[1] Les siècles d'ignorance ont été funestes à la Religion par la destruction des monumens qu'ils ont entraînée, par l'abus du vrai et du solide qu'ils ont enfanté, par les idées d'une infinité de faux merveilleux qu'ils ont accréditées. Qu'étoit devenue la critique dans ces tems de grossièreté, où tout enthousiaste étoit sûr de trouver des partisans? Quel usage faisoit-on de l'étude fondamentale des saints livres et des Pères?

Discours sur l'histoire littéraire du règne de Louis XIV, par M. l'Abbé Lambert.

La Religion étudiée est pour tous les hommes la règle infaillible des bonnes mœurs; je dis plus,

Gouvernemens, et la félicité des Peuples sont redevables aux Arts et aux Sciences. On n'avoit pas oublié pour lors que dans les beaux jours de la République Romaine,

---

l'étude même de la Nature contribue à élever les sentimens, à régler la conduite ; elle ramène naturellement à l'admiration, à l'amour, à la reconoissance, à la soumission, que tout être raisonnable sent être dûs à l'Etre Suprême.

Dans le cours régulier des astres, l'Astronome découvre une Puissance infinie, le Géomètre apperçoit l'effet d'une Intelligence sans bornes dans la proportion de toutes les parties qui composent l'Univers. Dans la succession des tems, l'enchaînement des causes aux effets, la végétation des plantes, l'organisation des animaux, la constante uniformité et la variété étonnante des différens phénomènes, le Physicien n'en peut méconnoître l'Auteur, le Conservateur, l'Arbitre et le Maître, etc.

Extrait de quelques passages d'un des écrits, qui parurent, en 1750, *contre le discours de Jean-Jacques Rousseau.*

lorsque Cicéron disputoit également à Hortensius les faisceaux consulaires et l'honneur de défendre les Citoyens Romains, d'habiles Orateurs tentèrent souvent de troubler l'ordre public, mais que l'éloquence de ce grand homme, plus influente et consacrée au bien de l'Etat, le sauva constamment aux périls qui le menaçoient; c'est entr'autres à un pareil trait de sa vie, que, selon Midleton, nous sommes redevables de ces beaux vers de Virgile, le plus solide des éloges qu'ait reçu l'Art Oratoire:

Ac veluti magno in Populo cum saepe coorta est
Seditio, saevitque animis ignobile vulgus,
Iamque faces, et saxa volant, furor arma ministrat,
Tum pietate gravem et meritis si forte virum, quem
Conspexere, silent, arrectisque auribus astant,
Ille regit animos, et pectora mulcet.

On sait quel parti les Egyptiens,
les Grecs, et les Romains même
ont tiré des spectacles, par conséquent des Beaux-Arts y réunis, de
la Poésie, de la Peinture, de la
Sculpture, de la Musique, qui s'y
montroient dans toute leur parure
avec tous leurs attraits, pour faire
naître, ou pour nourrir parmi les
citoyens des sentimens héroïques
et vertueux, utiles au bien public;
et nous jouissons encore aujour-
d'hui de quelques-uns de ces chefs-
d'oeuvre qu'une politique clair-
voyante employoit alors pour faire
valoir les belles actions, en per-
pétuer le souvenir, et en faire germer l'amour et le desir dans l'ame
des successeurs de ceux qu'elle di-
vinisoit.

Sophocle, Euripide, Eschyle, Praxitèle, Phidias n'ont pas été seulement considérés comme des artistes habiles, ils furent respectés comme d'utiles citoyens. Les anciens Législateurs alloient avant toutes choses s'initier en Egypte dans les sciences, et puiser chez les Prêtres de Memphis et dans les écoles de la Grèce les connoissances profondes et les principes de Philosophie, dont ils croyoient ne pouvoir se passer pour se rendre essentiellement utiles à leur patrie. [1]

Mais ce n'est aussi point là la question; il n'y a, je pense, personne

---

(1) La Grèce dut tout aux Sciences, et le reste du monde dut tout à la Grèce.

Discours prononcé à Lyon sur les avantages des Sciences et des Arts, en 1751.

d'instruit qui puisse, et nul igno-
rant qui ose ouvertement soutenir,
que les Sciences et les Arts ne réu-
nissent en soi des avantages essen-
tiels et utiles au bien de la Société;
on en craint simplement les abus, et
leurs conséquences, qu'on croit préjudiciables au repos public.

L'expérience de bien de siècles
ne nous avoit pas encore appris à
craindre ces affreuses conséquences,
et les fastes de l'histoire fourmillent
d'exemples qui prouvent le contraire; mais en en admettant même
la possibilité, ne seroit-ce pas faire
la critique la plus amère de la saga-
cité et de la fermeté des Gouvernemens actuels, que d'avouer avec
ceux qui affectent de se servir de
cet argument, qu'en effet on ne sau-

roit prévenir, ou réprimer l'abus des Sciences et des Arts, qu'en se privant totalement des avantages qui en résulteroient d'une autre part, si au lieu de les bannir de parmi nous, on savoit contenir ceux qui les professent dans des bornes équitables?

Si tout ce qui est sujet à des abus et à des inconvéniens doit être aboli, qu'on cesse d'exploiter les mines de vif-argent, de cuivre, d'antimoine et d'arsenic; qu'on interdise les différentes manipulations, que la séparation des métaux exige; qu'on abolisse l'usage des armes, celui des liqueurs, du vin; enfin, pour compléter le grand ouvrage de la sûreté et de la félicité publiques, si bien acheminées par ces prohibitions, comme d'après l'aphorisme connu, que de tous les alimens le pain est celui dont l'abus est le plus pernicieux à la santé, qu'on en défende, sous des peines rigoureuses, la consommation et le débit.

Les partis extrêmes sont en toutes choses généralement mauvais; pourquoi donc les Gouvernemens voudront-ils y avoir recours de préférence à tant d'autres mesures modérées, qui pourroient suffire dans un objet aussi important que celui dont il s'agit ici? Les Sciences et les Arts sont sujets à quelques inconvéniens, mais ils produisent des avantages certains, incontestables [1].

---

[1] On seroit peut-être étonné de voir puiser dans Rousseau lui-même des argumens favorables à ce principe. Qu'on lise la note suivante, c'est lui

Profitons de leur bienfait, et allons à la rencontre des abus qui pourroient en résulter, pour les prévenir. C'est dans ce sens, et pour parvenir à ce but, que l'Auteur illustre, dont j'ai traduit l'ouvrage qui suit, a pris la plume et s'est érigé en patron des Arts et des Sciences.

---

qui parle ainsi dans sa reponse à un anonyme qui avoit réfuté son fameux discours. Vol. 1.er pag. 96. édition de Neufchatel, 1775.

ROUSSEAU.

Gardons-nous de conclure qu'il faille aujourd'hui brûler toutes les Bibliothèques et détruire toutes les Universités et les Académies; nous ne ferions que replonger l'Europe dans la barbarie, et les mœurs n'y gagneroient rien. Les vices nous resteroient, dit un Philosophe, et nous aurions l'ignorance de plus.

Et plus bas:

Laissons donc les Sciences et les Arts adoucir en quelque sorte la férocité des hommes qu'ils ont corrompus, cherchons à faire une diversion sage, et tâchons de donner le change à leurs passions.

Puisse-t-il applaudir à mon travail, et ne pas s'y trouver défiguré : il ne me restera pour lors qu'à faire des voeux pour que la traduction, que j'en publie ici de l'Allemand, puisse contribuer de son côté aux grands objets qu'il s'est proposés en composant ce discours.

Les lumières du méchant sont encore moins à craindre, que sa brutale stupidité ; elles le rendent au moins plus circonspect sur le mal qu'il pourroit faire par la connoissance de celui qui en résulteroit à lui-même.

Et plus bas encore :

Il faut pour leur propre intérêt, que les Princes favorisent les Sciences et les Arts, j'en ai dit la raison, et dans l'état présent des choses il faut encore qu'ils les favorisent pour l'intérêt même des peuples ; s'il y avoit actuellement parmi nous quelque Monarque qui pensât et agît différemment, ses sujets resteroient pauvres et ignorans, et ils n'en seroient pas moins vicieux.

DE L'INFLUENCE

DES ARTS

ET

DES SCIENCES

SUR

LA TRANQUILLITÉ PUBLIQUE

PAR MONSIEUR

LE BARON DALBERG

COADJUTEUR DE MAYENCE

ET

STATHALTER D'ERFURT.

Quiconque suivra d'un oeil observateur
l'esprit public, dominant depuis quelques
années, aura lieu de remarquer qu'il s'est
établi insensiblement, parmi même des
personnes éclairées, une sorte de préjugé
contraire aux Savans, aux Littérateurs,
et généralement aux individus qui cultivent ou protègent avec zèle les Sciences
et les Arts, comme s'ils n'avoient en vue,
que de troubler l'ordre public, en excitant
parmi les différentes classes de citoyens,
un esprit de fermentation et de méconten-
tement contraires a la sûreté et au repos
public. Une pareille opinion mérite d'être

soumise à un sérieux examen, car si elle
fût dénuée de fondemens, en outre qu'il
seroit injuste que des écrivains, d'un mérite d'ailleurs reconnu, dussent être re-
gardés avec un oeil de méfiance par les
Gouvernemens, rencontrer toute sorte
d'entraves et d'obstacles à la publication
de leurs ouvrages, et ne recueillir de leurs
veilles savantes et de leurs travaux, que
des persécutions et des déboires; il devien-
droit d'une conséquence majeure, pour le
bonheur du genre humain, qu'elle ne fît
pas de progrès plus rapides, de crainte
que le nombre des hommes qui cultivent
les Sciences et les Arts, diminuant chaque
jour, l'ignorance, l'erreur, les préjugés
ne reprennent enfin la place dont la Science, les Arts, et les lumières les ont expul-
sés depuis plusieurs siècles. Il doit donc
paroître essentiel aux yeux de tout homme

réfléchi, de sonder et d'examiner les fondemens sur lesquels cette opinion repose, afin que le vrai ou le faux en étant précisé de bonne foi, les préjugés quelconques établis à cet égard, puissent se dissiper avant que d'avoir jetté de plus profondes racines.

Il est parfaitement indifférent à l'objet de cette recherche, d'examiner si tel ou tel autre Écrivain isolé a troublé l'ordre et le repos publics par ses ouvrages, car il peut très-bien arriver, qu'un individu abuse de ses talens par l'effet d'une façon de penser turbulente et criminelle, mais personnelle à lui; et il est d'ailleurs assez vraisemblable, qu'un pareil homme ne se seroit pas montré plus avantageusement, quand même il ne se fût pas dévoué à l'étude et aux lettres. La question consiste à savoir si les progrès des lumières peuvent, ou non, s'accorder avec le maintien de l'ordre et de la tranquillité publics, et quels sont les moyens les plus propres à produire cet accord. La solution de ce problême doit dissiper l'erreur dangereuse dont il s'agit ici, pendant que d'une autre part elle servira à convaincre de plus en plus les Ecrivains et les hommes à talens, que l'usage des facultés dont ils sont pourvus, ne doit point être illimité; qu'il est de leur devoir de porter respect, et de coopérer même, pour autant que cela dépend d'eux, au repos et à la tranquillité de l'Etat, ainsi qu'à celle des membres qui le composent; et qu'enfin la véritable liberté est l'extrême opposé d'une licence éffrénée, avec laquelle elle ne sauroit subsister.

Les Sciences contribuent par des avantages sans nombre au honheur de la Société ; l'expérience d'un chacun et les annales du Monde prouvent qu'elles modifient les passions des hommes qui les cultivent, leur faisant goûter d'autant mieux la jouissance d'une vie paisible et philosophique ; de là ce fameux adage :

Emolliunt mores, nec sinunt esse feros.

D'après le témoignage de Tacite, ce fut en favorisant, et en encourageant les Sciences et les Arts parmi les habitans de la Grande Bretagne, qu'Agricola parvint à adoucir leurs moeurs, et à diriger vers des objets utiles la vivacité inquiète de leur esprit, enclin auparavant aux révoltes et aux séditions toujours renaissantes parmi eux. Plusieurs autres hommes d'Etat éclairés, se sont, à son exemple, servis de ce même moyen en différens tems, chez différens peuples, et toujours avec succès ; il est vrai que les Sciences dissipent les

préjugés et les erreurs, mais les constitutions politiques vraiment bonnes, non fondées par conséquent sur de faux principes,
ne doivent point craindre le flambeau de
la vérité, et peuvent en supporter impu-
nément l'éclat.

Quand une fois la raison humaine s'est
réveillée de son sommeil, elle marche sans
s'arrêter, elle passe successivement d'un
objet à l'autre, et ne connoît d'autres
bornes à ses recherches et à ses médita-
tions que la vérité; elle peut aussi les diriger, il est vrai, sur les abus introduits
dans l'Eglise et dans les constitutions politiques; et les observateurs, qui s'appli-
queroient à l'examen de ces objets, feroient
peut-être valoir la nécessité, ou l'utilité
de remédier aux abus qui s'y sont introduits; mais ils ne désireront pas pour cela
la ruine de l'Eglise et de l'Etat, ils en

sentent trop vivement les avantages et l'importance; les viles et sordides passions de l'avarice, de l'envie, une ambition illimitée, ce sont là les mobiles qui portent une quantité d'hommes désoeuvrés à désirer l'anarchie, et qui les animent à saisir toutes les occasions propres à réaliser leurs affreux projets; il peut s'y rencontrer parmi eux des Savans, mais on ne les y voit pas parce qu'ils sont savans, ils s'y trouvent parce que leur coeur est gâté, et leur esprit perverti par l'avidité, par la jalousie, par la soif de dominer; car l'esprit humain est également accessible aux attraits de la vertu et à la voix du crime, aux bonnes et aux mauvaises inclinations, à l'yvresse des passions et à l'amour de la sagesse; en revanche il y existe un bien plus grand nombre de Savans remplis de mérite, qui ont certainement tous les droits possibles aux titres de bons et de fidèles citoyens, et c'est ce qui n'a pas besoin de preuve. Les abus, les injustices sont les véritables causes des convulsions politiques que subissent les Etats ; *propter injustitiam transferun-tur regna :* l'histoire de Roboam, et de Tarquin, sont d'antiques documens justificatifs de cette maxime.

Si l'histoire nous fournit de fréquens exemples de révolte et de sédition dans les tems les plus éclairés, elle nous apprend aussi, que les siècles d'ignorance n'en ont pas été exempts. A l'époque reculée du moyen âge, lorsque les hommes étoient ensevelis dans les ténèbres de la stupidité et de la barbarie, ont-ils été plus tranquilles? Il n'y avoit point de Savans pour lors, et le nombre des enthousiastes, des séditieux, des anarchistes n'en étoit que plus grand ; les assassinats, les vols, les atrocités de toute espèce, les conspirations étoient plus fréquentes, et le droit de propriété n'étoit respecté nulle part : on vit à cette époque des fils armés contre leurs pères, des frères contre leurs frères. A combien d'horreurs et de révolutions l'Europe ne fut-elle pas soumise depuis le 7.me jusqu'au 15.me siècle ? Par combien de troubles et de mouvemens de toute espèce les Etats ne furent-ils pas déchirés ? Cependant il n'y avoit pour lors ni Philosophes, ni Ecrivains politiques ; et les Beaux-Arts étoient oubliés.

Dans les empires de Perse et de Constantinople l'ignorance prescrite par les loix de Mahomet, en bannit les Sciences, et s'oppose aux progrès des lumières ; malgré cela on n'a jamais connu dans ces vastes contrées le bonheur qui dépend de la tranquillité publique: la Perse a été, et est journellement en proie à des guerres civiles, l'Egypte est dévastée par des voleurs Arabes et Tartares, qui désolent pareillement la plus grande partie de l'Asie, soumise d'ailleurs à des fréquentes révolutions; et tous ces maux, ces désordres ne sont ni l'ouvrage des Philosophes, ni celui des Ecrivains.

La tranquillité publique de l'Etat est l'effet de la stabilité imperturbable de ses loix fondamentales, mais de pareilles loix ne peuvent être stables, si elles ne sont fondées sur la justice et la vertu. Or, puisque les hommes, en développant et formant leur raison, apprennent à en mieux connoître le prix, et à sentir d'autant mieux les avantages d'une bonne constitution établie sur cette base, ils doivent par conséquent y être attachés

en proportion de la culture de leur esprit.
Il est vrai, comme on l'a déjà dit, qu'une
constitution fondée sur l'erreur et sur l'arbitraire auroit des risques à courir de la
part des Savans et des gens éclairés,
parce qu'ils découvriroient plus aisément
la fausseté de ses principes ; mais quand
même les Sciences ne fleuriroient pas sous
un pareil Gouvernement, une constitution
de cette nature ne pourroit pas subsister
long-tems, car les erreurs et leurs conséquences n'ont pas seulement à craindre
les atteintes de la vérité ; par un vice qui
leur est inhérent, elles se croisent et se
détruisent insensiblement elles-mêmes tôt
ou tard, de sorte qu'indépendamment de
toute autre cause, une constitution dé-
fectueuse devroit nécessairement succom-
ber sous le poids de sa propre imperfe-
ction, rien n'obstant à ce que de nouvel-

les erreurs, des cabales, des complots toujours renaissans, ne prennent la place de
ceux qui existoient déjà. Les loix fondamentales de tout Gouvernement sont bonnes dès que les propriétés et les droits
personnels de chaque classe d'individus y
sont respectés, et que le peuple n'y êst
pas victime d'une partialité et d'une distri-
bution inégale dans les charges de l'Etat,
contraire aux droits et aux rapports
réels et fonciers des hommes entr'eux ;
mais si nonobstant la bonté primitive de
ces loix, elles venoient à être dégradées,
et défigurées dans la pratique, au point
qu'aucun citoyen ne pût jouir tranquil-
lement de son état civil et politique, et
que l'arbitraire prévalût dans la conduite
des Autorités constituées, un pareil Gouvernement devenu vicieux, ne pourroit
se soutenir, et l'Etat devroit être néces-

sairement en proie à des mouvemens con-
vulsifs.

La forme d'un Gouvernement peut
être variée à l'infini, et ne pas être moins
bonne pour cela; cette variété consiste
essentiellement dans le plus ou le moins
d'étendue accordée à l'autorité dominan-
te, et dans la différente subdivision des
pouvoirs qui la constituent: l'histoire nous
fournit plusieurs exemples à l'appui de
cette vérité. Depuis que le Monde subsiste,
jamais deux Etats n'ont été administrés
par des loix parfaitement semblables,
néanmoins il y en a eu plusieurs qui ont
été redevables à leur constitution d'un
bien-être permanent, d'une tranquillité
durable, et dont les citoyens ont été animés, par une conséquence qui ne peut
manquer d'en être la suite, d'un véritable
amour de la patrie; sentiment qui en der-

nière analyse doit être le but et le résultat de tout bon Gouvernement.

Mais telle forme d'administration qui
aura pu convenir à differens peuples,
tout aussi long-tems qu'ils auront conservé
des moeurs honnêtes et simples, deviendra
insuffisante, mauvaise, et ne pourra plus
leur convenir, si leur moralité se dégrade,
si le joug du despotisme pèse sur la multitude, si les passions, l'intérêt individuel
imposent silence à la voix du bien public.

L'Autorité Souveraine, sous quelque
forme qu'elle se présente, remplit son premier devoir et agit également avec pru-
dence et sagesse, en encourageant et
faisant fleurir parmi les peuples qu'elle
gouverne, les bonnes moeurs, l'amour de
la vertu et de la patrie; ce qui exige de
la part de ceux entre les mains de qui
elle est déposée, une conduite exemplaire

de bons réglemens pour l'éducation publique, le respect le plus profond pour la Religion, l'exercice et l'amour de la justice ; il faut qu'ils ne craignent point surtout, de réformer eux-mêmes les abus qui pourroient s'être glissés petit-à-petit dans l'administration de l'Etat. Animés par de tels principes et guidés constamment dans leurs démarches par des sentimens paternels, les peuples leur seront pour lors attachés par les liens de la reconnoissance ; et ils assureront ainsi sur des bases inébranlables le repos et la félicité publics, sans proscrire de chez eux les Arts et les Sciences, et sans s'opposer à leurs progrès.

Par une conséquence du principe établi précédemment, que, quoiqu'il n'y ait pas de forme de Gouvernement parfaitement semblable en tous points, il n'y en a cependant point qui ne contienne quelque chose de bon et d'utile, il en doit résulter, que tout homme savant appliqué à l'examen des maximes politiques, se convaincra aisément qu'on ne doit pas toucher aux loix fondamentales d'un Etat sans la plus pressante des nécessités, par la raison aussi, qu'il est impossible de prévoir les conséquences qui peuvent en résulter, et que c'est un grand crime d'exposer sa patrie à des troubles intestins, aux risques d'une guerre civile, et aux calamités qui l'accompagnent, dans la seule espérance d'une réforme, dont l'utilité est très-douteuse. Tout homme profond et instruit, connoît cette vérité mieux que personne, et par cela même si ses passions venoient à lui suggérer des démarches qui fussent contraires à la tranquillité, et par conséquent à la félicité de l'Etat, sa conduite seroit d'autant plus condamnable, et il mériteroit d'être châtié sévèrement; mais il sera toujours vrai de dire, qu'elle ne sauroit lui être dictée par les lumières qu'il aura acquises, la science n'étant propre qu'à lui rendre ces objets précieux et chers.

Les fastes de l'histoire nous prouvent que les troubles publics ne proviennent que de la malice, ou des préjugés des hommes: Mahomet étoit un enthousiaste, Attila, Gengis-Kan, Thamas Kouli-Kan furent des voleurs, et non pas des Savans. La révolution qui a eu lieu récemment dans les Pays-Bas n'a certainement pas été l'ouvrage des gens à talens: quoique l'Empereur Joseph [1] ait, à bien des

______

(1) » Joseph second fut ennemi du despotisme » sacerdotal, parce qu'il ne vouloit dans son Em- » pire d'autre despotisme que le sien. »
Introduction aux travaux de Mirabeau par Etienne Méjean.

égards, possédé des grandes qualités, il eut tort de vouloir donner aux Belges une nouvelle constitution, après leur avoir solemnellement promis le contraire; et le Clergé, qui devroit toujours fournir l'exemple de la douceur et de la modération, agit lui-même en cette conjoncture contre les devoirs, et l'esprit de son état: mais tout cela, je dois le répéter, ne fut point non plus l'ouvrage des Savans.

On ne sauroit disconvenir cependant qu'il n'y ait des hommes pervers qui abusent très-souvent du talent d'écrire, et du don de s'énoncer avec éloquence; et cet abus mérite une sérieuse attention de la part du Gouvernement; car c'est profaner la vérité même, que d'en faire usage sans ménagement et hors de propos; mais il faut avouer d'une autre part, que la félicité publique retire les plus grands avantages des Sciences et des Arts. Si l'Autorité Souveraine en parcourant sa carrière marche souvent sur des fleurs, il lui arrive aussi assez communement de devoir cheminer au milieu des ténèbres, sur des sentiers bordés d'écueils et de précipices de toute part : dans cette position dangereuse, quel guide plus sûr peut-elle avoir que celui d'un flambeau dont la clarté pure et brillante lui montrera fidelement les abymes qui l'entourent ? Doit elle s'en désaisir, se priver de sa lumière bienfaisante, parce que des hommes imprévoyans et malicieux s'en sont servis pour allumer des incendies ? Les guides les plus sûrs et les plus utiles pour les Administrateurs d'un Etat sont, sans contredit, une raison exercée, et l'assistance, la coopération d'hommes honnêtes et clairvoyans, qui, ayant cultivé et perfectionné

leur capacité naturelle par des études ap-
profondies, sauront les prévenir contre les
injustices, ou les abus, dans lesquels pourroient les entraîner des conseillers perfides, et qui seront à même d'exposer fidè-
lement à leurs yeux l'objet des voeux
publics et de l'attente générale. Les individus, entre les mains de qui l'Autorité
Suprême repose, n'étant pas exempts des
imperfections attachées à l'humanité, il
est naturel de prévoir qu'ils ne seront pas
tous animés d'un même zèle, d'une égale
activité pour le bien public, et que le
langage libre et sincère de la Science
pourra, en de certains momens, causer à
quelqu'un d'entr'eux une sensation désa-
gréable. Mais lorsque les chefs quelconques d'un Gouvernement s'opiniâtrent à
végéter dans une insouciance et dans un
éloignement marqué pour la vérité, s'ils

sont insensiblement réveillés de leur assoupissement par des troubles imprévus, ils doivent s'en prendre à eux-mêmes, à la répugnance que leur indolence leur a donné pour tout ce qui pouvoit les éclairer; car s'ils ne veulent pas entendre le langage de la vérité, c'est qu'elle ne flatte ni leurs passions, ni leur inclination, et qu'elle troubleroit le repos dont ils jouissent dans leur inaction léthargique. Au surplus les ténèbres qui enveloppent les Autorités constituées, dans les tems d'ignorance, et qui en écartent la lumière, ne sont propres qu'à leur procurer un repos périlleux et trompeur qui, dénué d'une base solide, ne tarderoit pas à s'évanouir et à livrer l'Etat à des maux irréparables, qui entraîneroient sa ruine et la leur.

On a déjà observé qu'il est de la nécessité la plus précise pour l'Autorité Su-

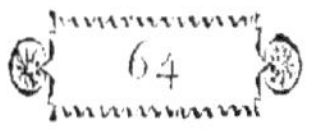

prême d'être continuellement sur ses gar-
des, et infatigable dans les soins qu'exige
le maintien de la tranquillité publique.
Partant de ce principe, tout Gouvernement convaincu que les Sciences et les
Arts doivent y porter atteinte, sera donc
tenu d'employer tous les moyens imagi-
nables pour en arrêter les progrès, et ces
moyens consisteront, entr'autres, à suppri-
mer la liberté de la presse, à mettre des
bornes à l'instruction publique, et à priver les Savans et les Artistes des récom-
penses et des distinctions dont ils doivent
jouir; mais on ne sauroit trop le répéter,
ces mêmes expédiens ne seront pas seulement préjudiciables aux Sciences et aux
Arts, ils peuvent devenir préjudiciables
au repos, au bonheur, au salut même de
l'Etat; car s'il est vrai, d'une part, qu'ils
garantiront peut-être les Administrateurs

contre une critique souvent injuste, et
que l'on diminuera ainsi le nombre des
spéculateurs instruits qui se prennent la
liberté de blâmer dans leurs écrits la conduite des Gouvernemens: d'un autre côté,
le défaut d'instruction, et d'encourage-
ment aux Sciences, imposera un silence
éternel à cette voix, organe des plus utiles vérités, qui, à l'aide de la presse, instruit souvent les Souverains et les peuples de leurs droits et de leurs devoirs
réciproques. Or, si faute d'en connoître
l'étendue et les bornes, les peuples étoient
vexés, il pourroit en résulter, que le feu
de la révolte qui auroit couvé sous la cen-
dre, vînt à se montrer tout-à-coup, lorsqu'ayant acquis une force prépondérante,
il éclateroit en flammes de tous côtés, et
pour lors, sous le régime de l'ignorance
il seroit d'autant plus difficile de trouver

de l'aide et des conseils, que le nombre des hommes éclairés se seroit considérablement diminué, ou peut-être totalement évanoui. Qu'on fasse maintenant le parallèle de l'utilité, et des désavantages quel'on retireroit de l'emploi des susdits moyens, et l'on se convaincra que la tranquillité publique ne gagneroit rien aux obstacles qu'on pourroit mettre aux progrès des Sciences et des Arts; que l'on feroit renaître par là les siècles de barbarie; et que les Administrateurs de la chose publique qui en seroient les auteurs, n'en retireroient que le blâme et les reproches de la postérité: d'ailleurs il est hors de doute, qu'ils se rendroient coupables d'une injustice manifeste en s'opposant à ce qu'une quantité d'individus perfectionnent leur raison, et cultivent leurs talens.

Le funeste préjugé, qui s'est élevé contre les Sciences et les Arts dans ces derniers tems, doit sa naissance au bouleversement de l'ancienne constitution Française et aux conséquences qu'il a produit. Il est donc nécessaire d'examiner si ce sont les Savans qui ont causé cette révolution, et si les progrès des Sciences y ont contribué. Les faits suivans, qui sont incontestables, serviront à jetter du jour sur cette question. Il est, en premier lieu, connu d'un chacun que depuis le Ministère du Cardinal de Richelieu, la France se mêloit de toutes les affaires de l'Europe [1], que, dans cette vue,

____

(1) L'existence de ce principe dans le cabinet de Versailles, est d'une vérité reconnue non seulement par les politiques, mais par tous les Français, et il ne tenoit pas même à ces maximes secrètes, dont les Chefs des bureaux sont seuls les

elle n'a cessé de semer la méfiance en tout lieu, et d'exciter par-tout des troubles pour préparer et faire naître des guerres utiles à ses vues, d'où il en est résulté la conséquence funeste d'obérer le trésor Royal sous le poids de ses dettes. Or, comme toutes les choses humaines ont un terme, il a bien fallu que cet Etat épuisé par des continuelles entreprises secrètes ou publiques, qui surpassoient ses forces, se détruisît enfin de lui-même; mais les Ministres et les hommes d'Etat qui ont préparé cette chûte petit-à-petit, ont-ils merité le titre de Savans dans la véritable acception du terme? Il ne con-

---

dépositaires. Voici ce qu'écrivoit en 1750 un Académicien de Dijon.

» La France riche, guerrière et savante, est
» devenue le modèle et l'arbitre de l'Europe, elle
» sait vaincre et chanter ses victoires: ses Philo-
» sophes mesurent la terre, et son Roi la pacifie.

vient certainement en aucune manière
aux Cardinaux de Richelieu, de Maza-
rin, et de Fleury; et un Chamillard, un
Choiseul, un Vergennes etc. n'y ont pas
eu plus de droit: la vanité fut le res-
sort qui les fit agir tous également, l'ar-
tifice et la ruse les moyens qu'ils employè-
rent; et c'étoit d'ailleurs un principe reçu en France d'éloigner du maniement
des affaires les Savans. Qu'on ajoute à
cela que les dépenses immenses de l'Etat
exigèrent des contributions excessives,
dont le poids dut nécessairement devenir
insupportable au peuple. Il est vrai que
l'art d'augmenter à l'infini les recettes de
la Finance se raffina, mais cet art ne fut
point l'ouvrage des Savans: un Fouquet,
un Terrai, des Fermiers-généraux n'ont
jamais été compris dans cette classe. Lorsque les Notables furent convoqués, on

crut nécessaire de donner une nouvelle
forme à différentes parties de l'Administration, et le crédit étant épuisé, il fal-
lut de toute nécessité recourir à de nou-
velles impositions, celles qui existoient
n'étant plus suffisantes aux besoins de
l'Etat. L'édifice s'abyma et beaucoup de
Courtisans, de Princes, de Généraux,
et bien d'autres individus, accélérèrent sa
chûte par une foule de contradictions et
de fausses démarches. Il y parut parmi ces
messieurs un Mirabeau et un Necker,
lesquels s'étoient acquis quelque réputation comme Ecrivains, mais le second
fut appellé au Ministère parce qu'on le
croyoit rompu et expérimenté dans les
affaires de Finances; Mirabeau ne s'étoit
fait connoître que par des écrits politiques,
par une conduite rusée et par son ambition; et quoiqu'ils aient profité l'un et

l'autre de leurs talens, comme Ecrivains, pour parvenir à leur but, ils ne furent cependant, ni l'un ni l'autre, de vrais Savans. Condorcet et Bailli ont été essentiellement les seuls hommes qui aient mérité ce titre parmi ceux qui ont figuré sur le théâtre de la révolution Française; encore même leur influence n'y fut-elle pas considérable. Au surplus, dès que l'ancienne forme du Gouvernement fut détruite en France, le peuple y devint le despote, et quelques-uns des membres du club des Jacobins s'étant emparés, pendant un certain tems, de son esprit, en le flattant à propos, ils le portèrent aux excès dont nous avons été les témoins. Parmi ceux-ci il n'y eut que le seul Marat de connu par quelques écrits, comme auteur et comme médecin; Robespierre, Danton, et tant d'autres, ne cultivèrent jamais foncièrement les Sciences: il n'est donc pas concevable comment on a pu attribuer aux Savans la révolution qui s'est opérée en France, et toutes les conséquences déplorables qui en ont résulté.

Quoique ces faits et ces considérations confirment d'une façon victorieuse et sans réplique, que les Arts et les Sciences ne sauroient être en eux-mêmes préjudiciables à la tranquillité publique, on ne prétend pas nier ici ce qui a été dit plus haut, que des hommes mauvais, dominés par leurs passions, peuvent en abuser au dommage du bien-être de la Société, car ce qu'il y a de meilleur et de plus respectable n'est point sacré pour les méchans: l'abeille forme son miel du suc des mêmes fleurs, dont d'autres insectes retirent leur poison. Les Savans devroient bien réfléchir, qu'ils dégradent les Sciences lorsqu'ils abusent de leurs connoissances et de leurs talens, en les faisant servir d'instrument à leur vanité, à leur ambition, à la soif de se venger des mortifications que leur orgueil peut avoir souffert, et que même en excitant des troubles et des révoltes dans l'Etat, favorables, pour le moment, à leurs vues, ils ne peuvent pas être assurés d'y conserver depuis une influence durable et victorieuse.

Tout individu enthousiaste et téméraire peut très-aisément, lorsque le peuple croupit dans une ignorance profonde et totale, se rendre dangereux à l'homme même le plus savant: il lui suffit de connoître l'art et les moyens de diriger vers le but qu'il se propose, la volonté variable à l'excès de la multitude; il lui persuadera aisément qu'il est beaucoup plus propre, que les Autorités dominantes, à manier le gouvernail de l'Etat, et que s'ils pouvoient s'en emparer, les affaires en iroient bien mieux. Mais il y a une grande différence entre former des projets, et les mettre en pratique; on rencontre dans l'éxécution de si puissans obstacles, elle exige tant de soins et de travaux pénibles et arides, qu'on y épuise bien souvent ses forces et son tems sans succès; et la facilité, la vraisemblance, que l'on trouvoit à une quantité de choses dans la spéculation, disparoissent ordinairement quand on en vient au fait.

L'Ecrivain estimable et accredité, remplit une carrière qui ne doit pas lui laisser envier celle des hommes d'affaires; ceux-ci jouissent, à la vérité, d'un sort fort agréable, lorsqu'animés par des vues désintéressées, ils ne se flattent pas en vain de travailler au bien-être de la Société, mais la

destinée du vrai Savant n'est ni moins flat-
teuse, ni moins consolante pour l'ami de la
vérité et de la vertu. Montesquieu, loin du
tumulte des affaires, écrit dans le silence de
son cabinet l'Esprit des Loix; cet ouvrage
immortel se répand dans toute l'Europe,
est traduit dans toutes les langues, il de-
vient, pour ainsi dire, le livre élémentaire
des hommes d'Etat, et il n'y a point de
Législateurs modernes et éclairés, qui ne
l'étudient et ne s'en servent. Nul homme
n'a certainement dans ce siècle autant et
si généralement influé au bien-être du
genre humain, à de certains égards, que
Montesquieu; il sentit que la trempe de
son esprit étoit plus propre à la médita-
tion, qu'au maniement des affaires, et il
renonça à sa place de Président, ferme-
ment convaincu qu'il seroit de cette façon
beaucoup plus utile, par les grandes véri-

tés qu'il publieroit, qu'en se consacrant à l'exercice d'un emploi, dont les bornes ne dépassent pas les rapports que les circonstances font naître, pendant que les recherches et les spéculations d'un savant observateur peuvent s'étendre et s'exercer sur ce qui n'est que possible, comme sur ce qui a déjà eu lieu, et qui se pratique journellement; qu'enfin il peut devenir l'instituteur des siècles futurs en se rendant l'organe de la vérité, et de la vertu. En effet, dans combien d'endroits de son ouvrage Montesquieu ne s'élève-t-il pas contre les injustices, les oppressions et les abus qui se glissent souvent dans l'administration des Etats? Mais disant toujours la vérité avec fermeté, il ne s'écarte jamais du ton de modération, et ne perd jamais de vue les égards que le véritable amour du bien exige; il sait toucher le coeur de ses lecteurs par la vivacité de ses tableaux, sans attiser le feu de la révolte et de la sédition par des critiques personnelles, ou par des sorties vives et amères contre les Gouvernemens.

Cette conduite exemplaire a servi de modèle en Allemagne à un grand nombre de Savans respectables qui se sont acquis la plus grande réputation de nos jours par d'excellens écrits politiques, et c'est sur de pareilles traces que doivent marcher les hommes de lettres, s'ils ne veulent se faire du tort à eux-mêmes et à la bonté de leur cause; mais il est fâcheux de devoir avouer qu'ils n'ont pas tous également suivi cet exemple. Les Ecrivains en général peuvent faire usage de leurs talens au préjudice du repos public, de deux manières; en attaquant la réputation des personnes préposées à l'administration de l'Etat, et en se permettant de blâmer et de décrier la forme du Gouvernement; mais l'Autorité Souveraine a tous les moyens qui lui sont nécessaires pour parer à ces désordres, et elle est non seulement autorisée, mais obligée de les employer par une suite de la vigilance avec laquelle elle doit s'opposer aux abus qui peuvent troubler l'ordre et la tranquillité de l'Etat: ces moyens consistent dans une surveillance sage, propre à prévenir le mal, et dans la punition des coupables, afin d'empêcher qu'on ne soit tenté à l'avenir de retomber dans de pareilles fautes.

La rigueur des punitions et l'étendue de cette surveillance ont cependant leurs bornes, qui doivent se trouver dans un rapport parfait avec les circonstances des tems et la constitution du pays, et il est de la sagesse d'un Gouvernement de rechercher cette juste proportion, et de ne jamais la dépasser. Chaque Etat a sur cet objet ses usages et ses principes particuliers. En Angleterre il est permis de blâmer les Ministres, et l'on envisage comme coupable de haute trahison celui qui oseroit accuser d'un crime quelconque la personne du Roi: à Venise tout commentaire sur la constitution de l'Etat est interdit, sous des peines rigoureuses: il n'y a pas enfin de Gouvernement, où la liberté de la presse, et la faculté de juger sans ménagement et de décider publiquement des objets et des personnes qui tiennent intimement à l'administration de l'Etat, ne soient soumises à des restrictions; et tout être raisonnable doit voir qu'il est nécessaire qu'elles y existent. Les hommes sensés ont de tout tems reconnu, à Paris même, que ce fut par un effet de la licence, et non de la liberté régnante, que Marat osa écrire dans son Journal, que le peuple étoit le maître de piller les boutiques, et d'exterminer sans examen les classes entières des citoyens qui avoient le malheur de lui déplaire. Un chacun sent très-bien que l'ordre et la tranquillité publics ne sauroient subsister sous un régime quelconque où l'on toléreroit une pareille licence.

Les Autorités Souveraines qui connoîtront le prix des Sciences et l'influence des Arts sur l'esprit public, applaudiront aux hommes vraiment Philosophes, et aux Ecrivains profonds qui formeront la raison des peuples, et feront la guerre à la superstition et aux erreurs de toute espèce, qui naissent du défaut d'instruction; elles les verront avec plaisir démasquer une foule d'hypocrites, qui ne sauroient abuser de la crédulité des peuples, et porter atteinte à leur félicité, que parmi les ténèbres et les préjugés de l'ignorance. Tout Administrateur sage et instruit doit être convaincu qu'il est réservé aux lumières et à la vérité d'imposer silence à un Thomas Munzer, à un Kuiperdoling, à un Recupater [1], et à tant d'autres enthousiastes farouches et séditieux, qui pourroient leur ressembler; il sera rempli de reconnoissance pour les Ecrivains et les Philosophes qui suivront les traces d'un Tacite, d'un Montesquieu, d'un Moser, d'un Putter etc. et de leurs semblables, qui, dévoilant la vérité, et ve-

---

[1] Thomas Munzer, Kuiperdoling et Recupater, disciples de Mathias de Harlem et de Jean de Leyde, commirent toutes sortes d'excès dans la ville de Munster qu'ils gouvernerent aux tems des Anabaptistes; le peuple s'en fit puis raison en les mettant à mort.

nant à son appui par leurs connoissances, lui indiqueront la possibilité des réformes utiles; il écoutera avec indulgence les avis qu'un amour de la patrie, aussi désintéressé que sincère, pourra leur dicter, et qui aura pour objet de les prémunir contre les dangers qui, dans bien de circonstances, menacent sourdement l'Etat; il verra même avec satisfaction les Poëtes, les Peintres, les Musiciens, les Littérateurs procurer aux peuples confiés à ses soins les amusemens utiles dont les hommes sont redevables aux Muses, et qui, adoucissant leurs moeurs, modifient leurs penchans. De pareils objets de distraction corrigent la rudesse, l'instinct à la cruauté et à la crapule des hommes farouches ou oisifs, asservis sous le joug de leurs passions; et une Nation qui a du goût pour de semblables passe-tems appréciera certainement, mieux de ce que ne pourroit le faire l'amas informe d'une populace ensevelie dans l'ignorance, le prix et la valeur de l'ordre et de la tranquillité publics. Un Gouvernement sage et prévoyant, à qui le bonheur du peuple tient à coeur, convaincu de ces vérités, honorera et récompensera les Ecrivains et les Artistes d'un mérite distingué, et il tâchera d'entretenir leurs talens dans une activité utile, mais sans permettre que qui que ce soit d'entr'eux porte atteinte par ses ouvrages à l'ordre social et politique: il ne souffrira pas qu'on ose exciter une méfiance générale contre les Autorités constituées, en flétrissant par des calomnies perfides les personnes entre les mains desquelles elle repose: il veillera sur l'éducation publique, de crainte qu'on n'y gâte le coeur des jeunes-gens, et qu'on ne fasse germer dans leur esprit, par des

faux principes, l'incrédulité et le liberti-
nage; le respect pour l'Etre Suprême et
pour les moeurs étant les piliers fondamen-
taux de l'Etat, qui ne peuvent être abat-
tus sans entraîner dans leur ruine le bonheur et le repos de la Société: il ne sera
pas moins attentif à empêcher que par un
abus coupable des Arts, on les employe
à justifier et à ennoblir l'esprit d'impiété
et d'insubordination. Cette profanation
des lumières peut devenir d'autant plus
dangereuse, que les maux, et les inconvéniens inséparables de la décomposition
d'un Etat, déguisés par le sophisme, ou
ornés par l'éloquence et par tout ce que
les Beaux-Arts fournissent de moyens
de les voiler, et même de les embellir, ne
se montreroient plus tels qu'ils sont réellement, et que ces mêmes Beaux-Arts,
qui n'atteignent leur plus haut prix que

lorsqu'ils servent d'apologistes et d'orne-
ment à la vertu et à la vérité, la Poésie,
l'Eloquence, la Sculpture, la Peinture,
les Spectacles mêmes, peuvent servir d'instrument très-propre à répandre et à pro-
pager le poison de cette fatale doctrine.
Le vrai Savant, l'Ecrivain profond, qui
est capable d'avoir une façon de penser
à lui, doit contribuer nécessairement à
l'affermissement de l'ordre et de la tranquillité publics, puisqu'il ne sauroit satis-
faire ses goûts et ses desirs qu'à l'ombre
paisible de l'olivier, et que ce n'est que
sous cet abri bienfaisant qu'il peut se livrer à l'examen des vérités utiles au bien
général, et à les faire valoir. Dans les tems
de troubles et de convulsions politiques,
les hommes sont sourds au langage cal-
me et modéré de la vérité et des Sciences, et la fermentation des passions vio-

lentes qui les agitent, s'emparant de tous les esprits, les exaltent trop pour leur permettre d'y prêter une oreille attentive. L'homme instruit et éclairé n'entend pas moins pour lors la voix qui l'appelle à travailler à la félicité des hommes par la recherche et la propagation des grandes vérités; son regard pénétrant ne laisse pas que de découvrir des principes importans, appliquables aux circonstances; mais à quoi bon? ils ne sont point faits pour être lus et compris d'un chacun dans un moment pareil; la lumière trop éclatante éblouit sans éclairer, et toute vérité à laquelle on n'a pas été préparé, qui ne se manifeste pas à l'époque et dans des circonstances convenables, ne produisant qu'erreurs et mésentendues, peut même dans des conjonctures semblables, exciter des mouvemens dangereux.

Le véritable Savant est l'homme de tous les âges et de tous les tems, car les maximes, à la recherche desquelles il s'applique, sont *éternelles;* les calomnies et les réflexions malicieuses sont au-dessous de lui, il n'est point le flatteur des Grands, sa bouche et sa plume, incapables de s'avilir, ne sont jamais devenus les instrumens serviles de l'injustice et de la violence; il auroit dû pour cela, employer à leur embellissement des couleurs consacrées à relever l'éclat de ce qui est honnête et juste, mais il est bon citoyen, il vit sous la protection de l'Etat, et prend la plus vive part à son bien-être. L'Artiste habile s'estime trop pareillement, pour troubler la tranquillité publique; il cherche sa félicité dans la perfection de son art et il l'y trouve.

Lorsque les pinceaux des Poëtes servent à animer, à donner du relief aux principes de la vertu, et à la rendre plus agréable; que l'éloquence grave avec des traits ineffaçables ces mêmes principes dans les esprits; que la Musique rehausse la sublimité des hymnes, et leur prépare un accès plus facile dans le coeur humain par une harmonie touchante; enfin lorsqu'on voit la Peinture, la Sculpture, l'Architecture élever des monumens permanens aux actions vertueuses, ériger et orner des temples magnifiques au culte de la Divinité, comment pourroit-on les envisager comme les organes de la sédition et de l'impiété, capables de porter atteinte au repos public? Comment au contraire ne pas être convaincu qu'ils doivent contribuer à rendre plus vif et mieux senti l'amour du repos et de l'ordre, devenu plus cher et plus précieux aux hommes par les agrémens que les Beaux-Arts procurent, et par les jouissances innombrables de l'esprit et du goût, que les troubles intestins bannissent et font disparoître?

Que l'on fasse maintenant la récapitulation de ce qui vient d'être dit dans l'examen de la question proposée; que l'on résume les réflections auxquelles il a fourni lieu, et l'on devra être convaincu, jusqu'à l'évidence, des principes suivans:

Que les Sciences et les Beaux-Arts, utiles en eux-mêmes à tant d'égards, peuvent en outre contribuer essentiellement au maintien du bon ordre et de la tranquillité publics:

Que ce n'est que leurs abus, qui, en certains cas, peuvent les y rendre préjudiciables; mais qu'un Etat bien réglé a entre ses mains tous les moyens nécessaires et propres à prévenir ces abus, sans être pour cela dans la nécessité de s'opposer à leurs progrès :

Que l'ignorance, et le défaut de lumières, sont beaucoup plus dangereux pour le bien-être et le repos des Gouvernemens, parce qu'il est facile à des séditieux, scélérats et enthousiastes de séduire et d'égarer des hommes abrutis, bornés et crédules :

Et que par conséquent, les lumières, l'instruction, les connoissances et leurs moyens, les Beaux-Arts et les Sciences sont, relativement au bonheur et à la tranquillité publics des Etats, tout bien calculé, réellement et essentiellement aussi appréciables, que l'ignorance et la stupidité des siècles nommés, par cette raison là même, *siècles barbares* y furent, et seroient derechef, pernicieuses,